Facóquero

Grace Hansen

ANIMALES AFRICANOS

abdopublishing.com

Published by Abdo Kids, a division of ABDO, P.O. Box 398166, Minneapolis, Minnesota 55439.

Printed in the United States of America, North Mankato, Minnesota.

052018

092018

 **THIS BOOK CONTAINS RECYCLED MATERIALS**

Spanish Translators: Laura Guerrero, Maria Puchol

Photo Credits: iStock, Shutterstock

Production Contributors: Teddy Borth, Jennie Forsberg, Grace Hansen

Design Contributors: Dorothy Toth, Laura Mitchell

Library of Congress Control Number: 2018931848

Publisher's Cataloging-in-Publication Data

Names: Hansen, Grace, author.

Title: Facóquero / by Grace Hansen.

Other title: Warthog. Spanish

Description: Minneapolis, Minnesota : Abdo Kids, 2019. | Series: Animales Africanos |
    Includes online resources and index.

Identifiers: ISBN 9781532180330 (lib.bdg.) | ISBN 9781532181191 (ebook)

Subjects: LCSH: Warthog--Juvenile literature. | Wild pigs--Juvenile literature. |
    Zoology--Africa--Juvenile literature. | Spanish language materials--Juvenile literature.

Classification: DDC 599.63--dc23

Contenido

Hábitat

Los facóqueros viven en muchas partes de África. Se encuentran principalmente en las sabanas.

Los facóqueros pasan la mayoría del día revolcándose en el agua o en el lodo. Lo hacen para refrescarse.

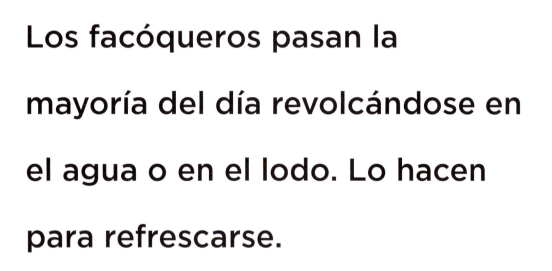

Por la noche, los facóqueros se acurrucan en sus madrigueras. Lo hacen para mantenerse calientes y protegerse de los **depredadores** nocturnos.

Cuerpo

Los facóqueros tienen poquito pelo. Pero sí tienen **melena** en la espalda.

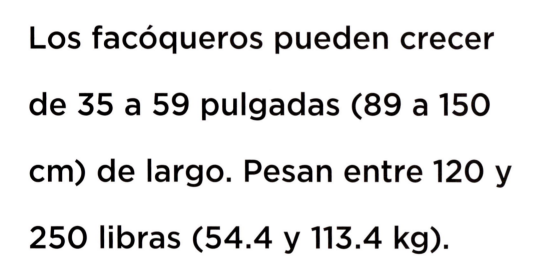

Los facóqueros pueden crecer de 35 a 59 pulgadas (89 a 150 cm) de largo. Pesan entre 120 y 250 libras (54.4 y 113.4 kg).

Los facóqueros adultos tienen cuatro **colmillos** afilados. Los usan para protegerse.

15

Alimentación

Los facóqueros son animales que **pastan**. Usan sus hocicos para cavar y buscar raíces. También comen pasto y otras plantas.

Crías de facóquero

Las hembras de facóquero normalmente tienen de 2 a 4 crías. Algunas tienen hasta 8. Las crías se quedan en la madriguera hasta que tienen 7 semanas.

Las crías de facóquero beben leche materna aproximadamente durante 6 meses. Empiezan a probar otras comidas, por ejemplo plantas, a los 2 meses de edad.